Für alle Träumerinnen und Träumer. Und besonders für
meine Lektorin Birte Spreng, die Träume wahr werden lässt.
Nina Hundertschnee

1. Auflage 2023
Deutsche Erstausgabe
© 2023 Schneiderbuch in der
Verlagsgruppe HarperCollins Deutschland GmbH, Hamburg
Alle Rechte vorbehalten

Einband- und Inhaltsillustrationen: Nina Hammerle
Umschalggestaltung: Frauke Schneider
unter Verwendung der Illustration von Nina Hammerle
Satz: Simone Horlacher/HarperCollins
Druck und Bindung: PnB Print Ltd.
Printed in Latvia · ISBN 978-3-505-15087-6

www.schneiderbuch.de
Facebook: facebook.de/schneiderbuch
Instagram: @schneiderbuchverlag

NINA HUNDERTSCHNEE · NINA HAMMERLE

FRAU Sonntagsimmerzwei

EIN HUHN IN HOLLYWOOD

SCHNEIDERBUCH

Auf Frau Sonntagsimmerzwei war immer Verlass. Jeden Tag legte sie gewissenhaft ein Ei. Und sonntags – na, ihr wisst schon! Sie führte ein geregeltes Hühnerleben. Ohne Aufregung, ohne Überraschungen und ohne außerordentliche Ereignisse.

Bis zu jenem Ostersonntag. An diesem Tag kam nämlich alles ganz anders.

Nachdem Herr Krachmacher alle auf dem Hof geweckt hatte, reckte und streckte sich Frau Sonntagsimmerzwei und stieg behutsam aus ihrem Nest.

Doch was war das?

Im Stroh lagen keine zwei Eier wie sonst. Nein, da lag nicht mal ein einziges Ei!
Nur ein kleines komisches Ding. Es glänzte rosarot. So wie Ringelschwanz-Rudi,
wenn er frisch gebadet war. Und es duftete sommerlich süß,
wie das Erdbeerfeld hinterm Hühnerstall.

»Was ist das denn?« Frau Schnappschnabel machte einen langen Hals.

Frau Sonntagsimmerzwei wusste nicht, was sie darauf antworten sollte.

Wie schrecklich peinlich! Dieses Ding konnte sie sich selbst nicht recht erklären.

War sie etwa mit dem falschen Fuß aufgestanden?

Alle anderen Hühner starrten Frau Sonntagsimmerzwei neugierig an.

Da wurde sie so rosarot wie das seltsame Ding.

Bloß weg mit ihm!, dachte Frau Sonntgsimmerzwei, und schwupps – hatte sie es auch schon im Schnabel. Runterschlucken ging nicht, denn dafür war es einfach zu groß. Groß und eckig und irgendwie lecker.

Frau Sonntagsimmerzwei kaute auf ihm herum.

Sie kaute und kaute und kaute …

»Was machst du da?«, wollte Herr Krachmacher wissen.

»Niffst«, entgegnete Frau Sonntagsimmerzwei schnell. »Kein Grund Kraff
ffu maffen!«

Plötzlich bildete sich eine riesige Kaugummiblase. Die anderen Hühner machten
große Augen.

Wenn Frau Sonntagsimmerzwei gedacht hatte, sie könnte das Ding unauffällig
verschwinden lassen, dann war das wohl ordentlich nach hinten losgegangen.
Oder besser gesagt: nach oben.

Denn die Kaugummiblase wurde größer und größer und schwebte
mit Frau Sonntagsimmerzwei in den strahlend blauen Himmel.

Wie aufregend! Frau Sonntagsimmerzwei flatterte wild mit den Flügeln. Aber das trieb sie nur noch höher, bis hinauf zu den Wolken!

Von dort oben sahen ihre Freundinnen klein wie Frühstückskörner aus. Über ihr war alles blau, und unter ihr glitzerte das Meer in derselben Farbe.

Ein heller Fleck tauchte auf. Darauf wuchsen Palmen, die hoch in den Himmel ragten. Auf einer dieser Palmen landete Frau Sonntagsimmerzwei. Dann rutschte sie am Stamm hinunter zum Strand. Etwas benommen saß sie im Sand und lauschte dem Rauschen der Wellen.

Da wehte der Wind eine merkwürdige Melodie zu ihr herüber.

Frau Sonntagsimmerzwei wusste nicht, wie ihr geschah. Eigentlich liebte
sie die Ruhe des Hühnerstalls. Doch diese Musik erfüllte sie bis in die
Federspitzen. Sie konnte nicht anders und fing an zu tanzen.

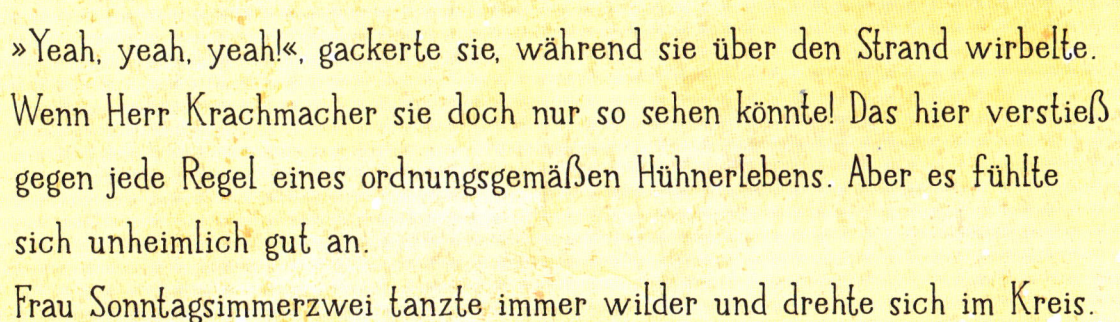

»Yeah, yeah, yeah!«, gackerte sie, während sie über den Strand wirbelte.
Wenn Herr Krachmacher sie doch nur so sehen könnte! Das hier verstieß
gegen jede Regel eines ordnungsgemäßen Hühnerlebens. Aber es fühlte
sich unheimlich gut an.
Frau Sonntagsimmerzwei tanzte immer wilder und drehte sich im Kreis.
Und vor lauter Freude legte sie ein Ei nach dem anderen.
Als der letzte Ton verklungen war, schaute sie sich um und staunte.

Auch alle anderen am Strand staunten nicht schlecht über die kunstvollen Eier, die vor ihnen im Sand lagen.

»Du hast das gewisse Etwas!«, sagte ein wichtiges Tier.
»Komm mit mir mit. Ich bringe dich ganz groß raus!«
Frau Sonntagsimmerzwei strahlte. So etwas hatte
noch nie jemand zu ihr gesagt!

Schon kurze Zeit später eröffnete Frau Sonntagsimmerzwei ihre
erste eigene Ausstellung. Dabei war ihr ganz schön flattrig zumute.
»Das hätte ich mir niemals träumen lassen!«, flüsterte sie und scharrte
verlegen auf der Stelle.
Alle bewunderten ihre Eier. »Wie hast du denn das gemacht?«,
wollten sie wissen.

Frau Sonntagsimmerzwei überlegte eine Weile. Wie machte sie das bloß? Hinsetzen, abwarten, ausbrüten. Eigentlich ganz einfach! Doch bei diesen Eiern musste noch etwas anderes im Spiel gewesen sein.

Vielleicht muss man manchmal ein wenig verrückt sein, damit etwas besonders Verrücktes entsteht, dachte Frau Sonntagsimmerzwei.

Und manchmal weiß man nicht, wer das verrückte Huhn ist – man selbst oder die anderen. Denn schon nach ein paar Tagen trug jedes Ei einen Namen.

Und jeder wollte ein Foto mit ihnen. Und mit Frau Sonntagsimmerzwei.

»Bitte lächeln!«, hörte sie es von rechts und von links. Frau Sonntagsimmerzwei
tippelte von einem Termin zum anderen. Ein ganz schöner Eierlauf war das.
Sie war jetzt richtig berühmt! Am Ende des Tages rieb sie sich ihre Hühneraugen,
so müde war sie von all dem Trubel.

»Du hast es geschafft!«, sagte das wichtige Tier zu ihr. »Und morgen gehen wir ins Tonstudio und nehmen einen Song auf!«

Ach, du dickes Ei! Frau Sonntagsimmerzwei bekam Gänsehaut. »Aber ich kann doch gar nicht singen!«, stammelte sie.

»Das macht nichts«, sagte das wichtige Tier. »Überlass das ruhig mir. Du bewegst einfach nur deinen Schnabel.«

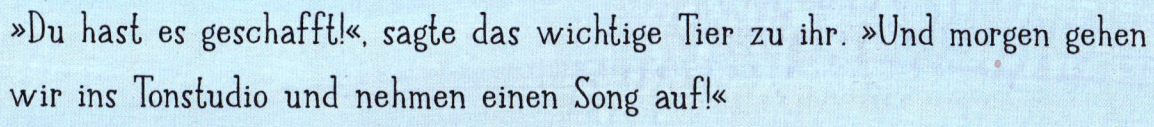

Eigentlich war es ein lustiges Leben. Und so viel anders als im Hühnerstall kam es Frau Sonntagsimmerzwei nach einer Weile auch nicht mehr vor. Sie hatte alles, was man sich wünschen konnte. Nur eins hatte sie nicht mehr: ihre Ruhe. »Bitte lächeln!«, hörte sie es ständig von rechts und von links. Aber es fiel ihr mit jedem Mal schwerer. Und irgendwann hatte sie den Schnabel gestrichen voll.

Da beschloss sie, sich heimlich aus dem Staub zu machen.

Doch die Fotografen lauerten überall. Frau Sonntagsimmerzwei stürzte Hals über

Kopf davon und stolperte – über ein kleines, komisches rosa Ding.

Plötzlich konnte sie wieder lächeln.

Sie nahm das Kaugummi in den Schnabel, und es folgte ein Blitzlichtgewitter.

KLICK! KLICK! KLICK!

Nanu! Frau Sonntagsimmerzwei blinzelte verschlafen. »Wo bin ich?«
»Dreimal darfst du raten!«, sagte Herr Krachmacher und begann zu krähen.
»Guten Morgen, du Langschläferin! Und frohe Ostern!«

Frau Sonntagsimmerzwei saß
in ihrem Nest und seufzte
erleichtert. Zum Glück hatte sie
alles nur geträumt. Zum Glück
war alles wie immer.

FAST alles.